DE LA PATERNITÉ

ET

DE LA FILIATION

ACTE PUBLIC

Qui sera soutenu le mercredi 3o mai 1827, à une heure et demie;

Par F.-L. MAYERAS,

DOCTEUR EN DROIT, L'UN DES CANDIDATS AU CONCOURS OUVERT DEVANT LA FACULTÉ
DE DROIT DE PARIS.

PARIS,

A. PIHAN DELAFOREST,

IMPRIMEUR DU DAUPHIN ET DE LA COUR DE CASSATION.
Rue des Noyers, n° 37.

1827.

JUGES DU CONCOURS.

MM.

Delvincourt, Conseiller au Conseil Royal de l'instruction publique, Doyen de la Faculté, Président.

Morand,
Pardessus ✳✳,
Berriat-Saint-Prix,
de Portets ✳,
Duranton ✳,
Demante,
Ducaurroy,
Demiau,
Bugnet,
} *Professeurs à la Faculté.*

ARGUMENTANS.

MM.

Proudhon,
Bravard,
Brocain,
Serrigny,
Duclaud,
Lesellyer,
} *Docteurs en Droit.*

DE LA PATERNITÉ

ET

DE LA FILIATION.

Livre Ier, Titre 7 du Code Civil.

C'est par leurs rapports mutuels que je définis la paternité et la filiation. Ce sont les qualités réciproques qui unissent les pères aux enfans.

Ces liens étroits, formés par la nature, sont entrés dans le domaine de la loi civile, qui les a modifiés et sanctionnés. Elle a voulu même les imiter, en instituant une espèce de paternité toute civile, source de droits et d'obligations, inconnue à la loi naturelle.

Le Code a donc reconnu deux sortes de paternité : celle de la nature, et celle de la loi. La première seule doit nous occuper ; l'autre est traitée sous le titre de l'adoption.

La paternité naturelle est celle qui suppose entre deux hommes des rapports d'origine et de création, fondés sur la réalité des faits, ou sur des présomptions puissantes, auxquelles la loi se voit quelquefois forcée de recourir, pour suppléer au défaut de preuves positives.

Cette paternité peut descendre de deux sources : ou de la nature abandonnée à elle-même, ou d'une union légalement contractée.

L'homme qui, au mépris des institutions sociales, n'a consulté que l'instinct de la nature, ne transmet point à ses enfans les privilèges attachés au mariage ; et c'est avec raison que tous les peuples soumis à l'empire des lois, ont distingué les enfans légitimes des enfans naturels, fruits malheureux d'une union illégale, et voués, non sans espoir d'un meilleur sort cependant, à expier la faute de leur père.

En suivant l'ordre adopté par le Code, nous parlerons d'abord des enfans légitimes, et dans une seconde partie, des enfans naturels.

PREMIÈRE PARTIE.

Des enfans légitimes.

La légitimité n'appartient qu'aux enfans nés du mariage.
Il faut dire à quelles conditions est attachée la qualité de fils légitime, et quels moyens sont offerts à l'enfant pour établir la preuve de cette filiation.

§ I.

De la filiation des enfans légitimes.

Les rapports du fils à la mère sont faciles à saisir ; la nature a désigné celle-ci par les caractères les plus frappans. Mais elle n'a pas attaché à la paternité les mêmes signes ; on s'égare presque toujours sur ses traces. Aussi pour faire cesser les erreurs et les abus sans nombre, résultat nécessaire d'une recherche arbitraire et incertaine, la loi s'est chargée elle-même de désigner le père de l'enfant. Nous avons donc adopté cette maxime du droit romain, reçue aussi dans notre ancienne jurisprudence : *L'enfant a pour père le mari ;* maxime pleine de sagesse ; conséquence inséparable du mariage, sur laquelle repose l'harmonie de la société.

(5.)

Ce n'était pas assez d'avoir, par une présomption puissante, établi la filiation légitime ; il fallait encore que, dans les cas où la loi se tait, où la présomption n'existe plus, dans les cas enfin où le mariage n'a pas présidé à la naissance, la licence de recherches indiscrètes ne vînt pas troubler la société. Et ce danger a disparu devant une disposition dont la nécessité avait été démontrée par les scandales qu'elle a pour but de réprimer. Il a donc été dit : La recherche de la paternité est interdite. Prohibition formelle qui doit marcher de front avec la règle que nous venons de signaler, et qu'il faut séparer cependant, pour les placer chacune à la tête de la matière qu'elles dominent dans toute son étendue. Occupons-nous d'abord de celle qui régit la filiation légitime ; nous verrons l'autre au titre des enfans naturels.

L'enfant conçu pendant le mariage a pour père le mari : telle est la règle générale.

L'époque de la conception, difficile à saisir par elle-même, a été déterminée par celle de la naissance ; et pour accorder à l'enfant toute la faveur possible, on a supposé la gestation tantôt de la plus courte, tantôt de la plus longue durée. On a peut-être même un peu dépassé les bornes que la médecine la plus éclairée a cru reconnaître ; mais toute faveur est due à l'enfant, et l'on a regardé comme conçu dans le mariage, celui qui naît le 180ᵉ jour de la célébration, et celui encore qui naît le 300ᵉ jour de la dissolution du mariage.

L'enfant qui naît plus tôt dans le premier cas ou plus tard dans le second, n'est pas légitime ; avec cette différence toutefois, que celui-ci ne peut jamais appartenir qu'à la classe des enfans naturels, tandis que celui-là peut devenir légitime : car si le mari se tait, il reconnaît par-là qu'il est de ses œuvres, il l'avoue pour son fils, et le mariage se trouve ainsi l'avoir légitimé. Mais il peut le désavouer, et le seul fait de cette naissance prématurée suffit pour le faire exclure de la famille.

Il est d'autres cas encore où le désaveu est donné au mari, et ceux-ci sont des exceptions à la règle qui régit cette matière. En effet, la présomption de paternité vis-à-vis l'enfant né dans le mariage, doit céder à des preuves contraires ou à des présomptions plus fortes ; et la loi a eu soin de nous les indiquer pour éviter encore ici l'arbitraire.

Et d'abord, il sera bien certain que le mari ne peut être le père de l'enfant, s'il est démontré que dans le temps où l'on doit nécessairement reporter la conception, il a été dans l'impossibilité physique de cohabiter avec sa femme. Mais il n'est pas permis au mari d'alléguer toute cause d'impossibilité physique. La loi n'en admet que deux : l'éloignement et l'impuissance accidentelle. Elle repousse l'impuissance naturelle, d'accord avec la morale.

L'impossibilité morale de cohabitation est encore une cause de désaveu ; mais la loi ne la voit que dans un seul cas, lorsque la femme adultère a caché à son mari la naissance de l'enfant. Et encore ce motif n'est pas absolu et déterminant par lui-même ; il faut en outre que le mari propose d'autres faits propres à faire juger qu'il n'est pas le père de cet enfant, et c'est alors seulement qu'on croit voir l'impossibilité morale.

Le mari cependant n'est pas toujours autorisé à désavouer l'enfant né avant le 180ᵉ jour du mariage. Il est évident qu'il se serait interdit cette faculté par une reconnaissance expresse ou tacite, et la loi la suppose dans deux cas, 1° s'il a connu la grossesse avant le mariage ; 2° s'il a assisté à l'acte de naissance et qu'il l'ait signé. Il ne serait pas écouté non plus, si sans aucun intérêt, il venait déverser la honte sur son épouse, par le désaveu d'un enfant qui ne serait pas né viable.

La nécessité de fixer le sort de l'enfant, qui, dans ce cas, est dans les mains du mari, a fait réduire à un très bref délai le temps accordé à celui-ci pour former son action. Il n'a qu'un mois, s'il se trouve sur les lieux à l'époque de la naissance de l'enfant ; deux mois, à dater de son retour, s'il était absent ; et dans le cas assez ordinaire où on lui aurait caché la naissance de l'enfant, deux mois encore, mais à compter du moment où il aura découvert la fraude, c'est-à-dire, la naissance cachée.

Le désaveu doit être porté devant les tribunaux, et l'acte extra-judiciaire, par lequel on l'aurait formé, ne produira d'autre effet que de donner un nouveau délai d'un mois, à compter de sa date.

L'enfant sera défendu par un tuteur *ad hoc*, contre lequel l'action sera dirigée ; la mère devra être appelée.

Il était juste que les héritiers du mari pussent exercer l'action accordée à celui-ci, dans le cas où la mort l'aurait surpris avant l'expiration des délais. Mais pour eux ces délais ne seront pas les mêmes ; et comme l'intérêt pécuniaire est le but de leur action, la prescription ne s'ouvrira contre eux qu'au moment où l'enfant viendra troubler leurs droits par des prétentions à la succession du défunt. Deux mois leur seront accordés à partir de cette époque.

Quant à l'enfant né après les trois cents jours de la dissolution du mariage, on n'a rien à lui disputer ; il est hors de la famille ; il n'a que l'état d'enfant naturel ; et si jamais il élève quelques réclamations, il suffira de lui opposer l'acte de sa naissance et celui qui constate la dissolution du mariage, pour faire évanouir toutes ses prétentions. De même, s'il s'était mis en possession de l'hérédité, on le repousserait à quelque époque que ce fût ; et l'on ne serait exclus que par les délais des prescriptions ordinaires.

En outre l'action ou l'exception données contre cet enfant ne sont pas particulières aux héritiers ; elles appartiennent à tous ceux qui ont quelques droits à lui disputer.

Mais voyons quels moyens sont donnés à l'enfant pour établir ses droits de filiation.

§ II.

Des Preuves de la filiation des enfans légitimes.

La société veille sur ses membres dès leur naissance. Elle a pris les plus sages précautions pour que leur état fût assuré. L'enfant trouvera, dans son acte de naissance, la preuve authentique de sa filiation : il y trouvera son père et sa mère; et si l'officier de l'état civil avait omis la désignation du père, la loi l'indique ; il ne peut être incertain ; c'est l'époux de la mère.

Si pourtant cette preuve était la seule qu'on pût invoquer, l'état des hommes serait à la merci du crime et de la négligence des parens ou de l'officier public. Mais la raison ne permet pas de supposer qu'un homme élevé dans le sein d'une famille qui le regarde comme l'un de ses membres, un homme qui a toujours reçu, des parens qu'il réclame, le nom de fils et les soins dus à ce titre ; qui, en un mot, a constamment passé pour tel aux yeux de tout le monde, soit un jour expulsé de cette famille, parce qu'il n'aura pas un acte de naissance à opposer à d'injustes prétentions. Tous ces caractères, qui constituent la possession d'état, et dont la réunion n'est pas nécessaire, en ont fait la plus forte preuve de la filiation. La loi l'offre à l'enfant, à défaut d'acte de naissance.

Cependantt il ne faut pas croire que ces preuves doivent exclure toute espèce de doute. Séparées, elles n'établissent chacune que de fortes présomptions, qui doivent céder à la vérité démontrée ; mais réunies, elles sont inattaquables. La loi se refuse à toute preuve contraire, soit de la part de celui auquel elles s'appliquent, soit de la part de ses adversaires.

Enfin, pour dernière ressource, la loi présente encore un appui à l'enfant qui n'a pour lui ni titre ni possession. Il peut invoquer le témoignage des hommes. Mais ce genre de preuve, toujours dangereux et facile à dénaturer, n'est admis qu'avec les plus grandes précautions. Il faut qu'il soit précédé d'un commencement de preuve, résultant d'écrits ou de présomptions graves puisées dans des faits dès lors constans.

Les témoins ne sont pas seulement destinés à remplacer le titre et la possession ; ils peuvent aussi être présentés par celui qui aurait été établi aux registres de l'état civil, comme né de père et mère inconnus, ou qui prétendrait que, dans l'acte de naissance qu'on lui oppose, il a été inscrit sous de faux noms, et attribué à des parens qui ne sont pas les siens.

Les demandes de paternité et de filiation ne peuvent être portées devant les tribunaux criminels, où l'on pourrait, à l'aide d'une enquête, éluder les sages dispositions de la loi, et arriver à une preuve testimoniale qu'elle repousse. Les tribunaux civils sont donc seuls compétens pour juger ces sortes de réclamations ; et lorsqu'elles seront la suite d'un crime, l'action criminelle ne pourra avoir lieu, de la part même du ministère public, qu'après le jugement définitif sur la question d'état.

S'il est permis à l'enfant de réclamer son état, ses prétentions peuvent être repoussées par toutes personnes intéressées à le lui contester. On peut lui opposer tous les moyens propres à lui démontrer qu'il n'a pas pour mère celle dont il prétend être fils, ou même, sa maternité prouvée, qu'il n'est pas l'enfant du mari de la mère. Car chaque fois que l'enfant a besoin de recourir à la preuve testimoniale pour établir son état, dépourvu de titre et de possession, il n'a plus pour lui cette forte présomption de paternité qui en résulte.

Les trois sortes de peuves dont nous venons de parler tendent, ou conjointement ou séparément, à prouver, avec plus ou moins de force, la filiation des enfans légitimes ; mais elles ne prouvent rien au-delà ; ils n'en peuvent faire résulter leur légitimité, qui doit être prouvée par l'acte de mariage de leurs parens ; sauf l'exception de l'art. 197 du Code Civil. La preuve de leur état ne sera donc à l'abri de toute contradiction que par la réunion de cet acte à celui de leur naissance, soutenue par la possession.

L'état des hommes est la première pierre de l'édifice social ; il est hors du commerce, et les prescriptions ne peuvent l'atteindre. La qualité de père ou de fils ne peut s'acquérir ou se perdre par prescription.

Mais si l'enfant peut en tout temps réclamer son état, il n'en est pas ainsi de ses héritiers. La réclamation de leur part sera soumise aux règles ordinaires des prescriptions. Ils n'auront même cette action que quand leur auteur sera décédé mineur ou dans les cinq années qui auront suivi sa majorité. Cependant s'il l'avait commencée lui-même, il la transmet à ses héritiers, à quelque âge qu'il soit décédé, à moins qu'il ne s'en fût formellement désisté, ou qu'il n'eût laissé passer trois années sans poursuites, à compter du dernier acte de procédure.

DEUXIÈME PARTIE.

DES ENFANS NATURELS.

Les enfans naturels sont ceux qui ont été conçus hors mariage. Si la société leur ouvre son sein, et les traite en tout comme membres de l'Etat, elle n'a pu cependant leur accorder les droits de famille, réservés aux fruits d'une union légitime.

Il en est même que la loi traite avec une sévérité toute particulière, et auxquels elle accorde à peine des alimens. Ce sont les enfans adultérins ou incestueux. Leur qualité est tellement odieuse, qu'ils ne peuvent rechercher leurs parens, et qu'il n'est jamais permis à ceux-ci de les avouer. La loi voudrait ensevelir dans un silence éternel l'opprobre de leur naissance ; et si malgré le vœu du législateur, ce scandale vient à être dévoilé, tout se borne pour eux au droit de réclamer des alimens. Ils n'ont rien à prétendre sur les biens de leurs père et mère. Ils doivent renoncer pour jamais à l'espoir d'entrer dans la famille ; ils ne verront point effacer la tache de leur origine. En un mot, ils ne peuvent être ni légitimés ni reconnus ; bienfaits réservés à ceux dont les parens auraient pu légalement contracter mariage ensemble, au moment de la conception, et qu'on appelle plus spécialement enfans naturels, par opposition aux adultérins et aux incestueux. Nous ne parlerons plus de ceux-ci, dont le législateur paraît ne s'être occupé qu'à regret.

§ Ier.

De la reconnaissance des enfans naturels.

Les enfans que des parens dénaturés ont abandonnés à la commisération publique, n'ont rien à réclamer de personne. Mais aussi les prohibitions de la loi ne peuvent les atteindre. Qui pourrait leur opposer les bornes qu'elle a mises aux largesses du père ou de la mère ? ils sont sans parens. Mais, si sous ce rapport, leur condition paraît moins déplorable ; c'est un bien faible avantage, qui n'est que précaire, et qu'on ne saurait comparer aux droits précieux dont ils sont privés.

La loi voit avec peine leur isolement dans la société. Il entre dans ses vues que les liens qui les unissent aux auteurs de leurs jours, puissent être resserrés par une reconnaissance, qu'en tout temps elle permet à ceux-ci. Quelquefois même elle élève leurs enfans au rang d'enfans légitimes. Nous parlerons plus tard de ce précieux avantage, de la légitimation.

Un enfant ne peut être reconnu que par acte authentique ; c'est un moyen d'assurer son état, et de mettre ses parens à l'abri de la crainte ou de la séduction.

Le plus souvent cette reconnaissance a lieu dans l'acte même destiné à constater la naissance de l'enfant. Mais si, étouffant alors la voix de la nature, ses parens avaient gardé un coupable silence, il ne leur serait pas interdit plus tard de revendiquer des droits méconnus ; c'est un devoir sacré qui ne peut se prescrire. Rien ne s'oppose non plus à ce qu'un enfant soit reconnu avant sa naissance.

Toute autre reconnaissance que celle que les lois appellent authentique, ne suffit pas pour établir les droits de filiation. Elle n'est cependant pas absolument inutile ; et quant aux effets qu'elle peut produire, il faut distinguer la reconnaissance du père de celle qui émane de la mère.

Nous avons effacé de nos lois cette maxime dangereuse : *Creditur virgini paturienti*. Et comme la recherche de la paternité est interdite, jamais les aveux ou les écrits privés du père ne peuvent autoriser l'enfant à poursuivre contre lui une déclaration de paternité. L'incertitude qui accompagne nécessairement ces sortes de recherches, les a fait prohiber ; excepté dans le cas d'enlèvement, où le ravisseur peut être déclaré père de l'enfant, si l'époque de la conception se rapporte à celle de l'enlèvement. Cette déclaration ne peut être poursuivie d'office ; elle doit être demandée par les parties intéressées. Elle est abandonnée d'ailleurs à la prudence des juges ; car le seul concours de l'enlèvement avec l'époque de la conception ne suffit pas pour établir avec certitude la paternité. Il eût été dangereux de rendre l'exception absolue.

La mère, au contraire, est exposée aux recherches de l'enfant. Si donc la reconnaissance qu'elle aurait faite manque d'authenticité, elle ne donne à la vérité aucuns droits de filiation par elle-même ; ce n'est pas une reconnaissance dans le sens de la loi, mais c'est un fort argument offert à l'enfant, pour forcer sa mère à le reconnaître.

Il peut au reste rechercher sa mère, chaque fois qu'un commencement de preuve par écrit l'autorise à offrir la preuve testimoniale. Et il faut observer ici que l'enfant naturel ne jouit pas du privilège accordé à l'enfant légitime, d'être admis, à l'aide de simples présomptions, à faire sa preuve par témoins.

D'un autre côté, les réclamations de l'enfant et la reconnaissance des père et mère peuvent être contestées par tous ceux qui y ont intérêt.

La reconnaissance peut être faite séparément par le père et la mère, et dans différens actes; elle peut même être faite par l'un des deux seulement, sans le consentement de l'autre. Elle est indépendante de la volonté de celui-ci, et ne produit contre lui aucun effet, quand même il aurait été désigné dans l'acte.

La reconnaissance revêtue des formes légales, donne à l'enfant des droits sur les biens de ceux qui l'ont reconnu : ils sont réglés au titre des successions. Mais ces droits sont suspendus dans un cas : c'est lorsqu'un époux a reconnu, pendant son mariage, des enfans qu'il aurait eus auparavant, d'un autre que de son époux. Cette reconnaissance est valable; les liens de parenté sont établis; des droits sont acquis aux enfans reconnus. Mais comme l'autre époux et les enfans du mariage pourraient souffrir de cette reconnaissance, on n'a pas permis que les droits qui en résultent s'exerçassent à leur détriment ; et ils ne produiront leur effet que quand, à la dissolution du mariage, il n'en restera pas d'enfans, et que l'époux survivant n'en éprouvera aucun préjudice.

§ II.

De la légitimation des enfans naturels.

La légitimation est un bienfait de la loi, qui donne aux enfans naturels les droits d'enfans légitimes.

Nous n'avons point adopté tous les modes de légitimation usités chez les Romains; ni même cette légitimation par lettres du prince, connue dans notre ancien droit, et devenue inutile et sans but dans une législation qui, de tous les droits accordés aux citoyens, ne refuse aux enfans naturels que ceux de famille.

L'unique moyen de les leur transmettre, et conséquemment de les légitimer, est aujourd'hui le mariage de leurs parens.

Mais ils ne sont pas légitimés par le seul fait de ce mariage, et indépendamment de toute autre circonstance. Il ne suffirait pas qu'après la célébration il devînt constant, par reconnaissance ou par suite de recherches, que l'enfant était issu des deux époux avant le mariage. Il faut que tous les deux aient reconnu, au plus tard dans l'acte même de célébration, les enfans qu'ils veulent légitimer.

Toutefois la légitimation n'est pas soumise à la volonté des parens; et cette reconnaissance n'est exigée que comme preuve antécédente de filiation. De sorte qu'une fois légalement reconnus, de quelque manière qu'ils l'aient été, les enfans sont légitimés indépendamment de l'intention de leurs père et mère ; de même que cette intention ne produirait aucun effet, sans la reconnaissance préalable.

Si donc l'enfant n'a été reconnu qu'après la célébration du mariage, il n'a que les droits d'enfant naturel; et cette reconnaissance produit encore ici l'effet qui lui est propre, celui d'assurer la filiation de l'enfant. Car si elle le conduit quelquefois à la légitimation, ce n'est qu'en vertu du mariage qui la suit. Ces deux conditions sont indispensables.

Il en est de même quand, avant le mariage, l'enfant avait été reconnu par l'un des parens. La reconnaissance de l'autre, postérieure à la célébration, crée à la vérité de nouveaux rapports de paternité, mais toujours de paternité naturelle.

Les droits acquis aux enfans légitimés sont une conséquence du mariage de leurs parens ; aussi ne remontent-ils pas au-delà de ce mariage. C'est à dater de cette époque qu'ils sont assimilés aux enfans légitimes ; c'est aussi de cette époque que date l'origine de leurs droits : ce qu'a fort bien exprimé le législateur, en disant que les enfans légitimés auront les mêmes droits que s'ils étaient nés du mariage qui les légitime. Dans ces mots sont compris l'origine, la nature et l'étendue de leurs droits.

Le bienfait de la légitimation s'étend jusque sur les enfans décédés avant le mariage de leurs parens ; mais il est évident que c'est dans le cas seulement où ils auraient laissé des descendans qui pussent en profiter ; car on ne peut créer ni droits ni devoirs à l'homme qui n'existe plus.

La légitimation, comme la reconnaissance, établit entre l'enfant et ses parens de nouveaux rapports destinés à fortifier ceux de la nature. Des droits et des devoirs réciproques en sont la conséquence immédiate et nécessaire. Ce n'est pas un bienfait purement gratuit, et l'enfant doit se soumettre aux charges qui en dérivent. Il ne peut arbitrairement renoncer à-être légitimé ou reconnu. Quant à la légitimation, nous avons vu qu'elle est entièment indépendante de la volonté des parens et des enfans ; elle est le résultat de la loi. Pour la reconnaissance, elle peut être attaquée par tous ceux qui y ont intérêt ; conséquemment par l'enfant lui-même, à qui il importe autant de ne pas appartenir à un homme dont il n'est pas fils, que de retrouver son véritable père. Par ce moyen, en attaquant directement la reconnaissance, on renverse nécessairement la légitimation.

QUESTIONS.

I.

Le désaveu pour cause d'adultère n'appartient-il qu'au mari? — Il appartient aussi à ses héritiers.

II.

L'enfant qui s'est désisté d'une action en réclamation d'état, n'est-il plus recevable à intenter une nouvelle action? — Je pense qu'il est encore recevable.

III.

Peut-on rechercher la paternité contre l'enfant naturel? — Je soutiendrai l'affirmative.

IV.

L'enfant naturel peut-il rechercher sa mère pendant le mariage de celle-ci? — Oui, et sa filiation prouvée, il aura dès lors les droits d'enfant naturel.

V.

Peut-on prouver par la possession d'état la filiation naturelle? — Je pense qu'on le peut.

VI.

Peut-on reconnaître son fils naturel décédé? — On le peut, s'il a laissé des enfans.

VII.

La reconnaissance faite dans un testament olographe est-elle valable? — Non.

VIII.

La reconnaissance peut-elle être faite par un fondé de pouvoir? — Oui, quand la procuration est spéciale et authentique.

IX.

La légitimation peut-elle résulter d'un mariage putatif? — Je soutiendrai l'affirmative.

www.ingramcontent.com/pod-product-compliance
Ingram Content Group UK Ltd.
Pitfield, Milton Keynes, MK11 3LW, UK
UKHW020125100726
13658UKWH00005B/2373